ORAISON FUNÈBRE

DE MONSEIGNEUR

XAVIER-TOUSSAINT-RAPHAEL

CASANELLI D'ISTRIA

ÉVÊQUE D'AJACCIO

PRONONCÉE

À L'OCCASION DE LA CÉRÉMONIE DE SON INHUMATION

DANS L'ÉGLISE CATHÉDRALE

LE 11 NOVEMBRE 1869

PAR

M·gr SARREBAYROUZE, ÉVÊQUE D'HÉTALONIE

CHANOINE DU 1er ORDRE DU CHAPITRE IMPÉRIAL
DE SAINT-DENIS,
SON ANCIEN AUXILIAIRE.

———

BASTIA

DE L'IMPRIMERIE FABIANI.

1869.

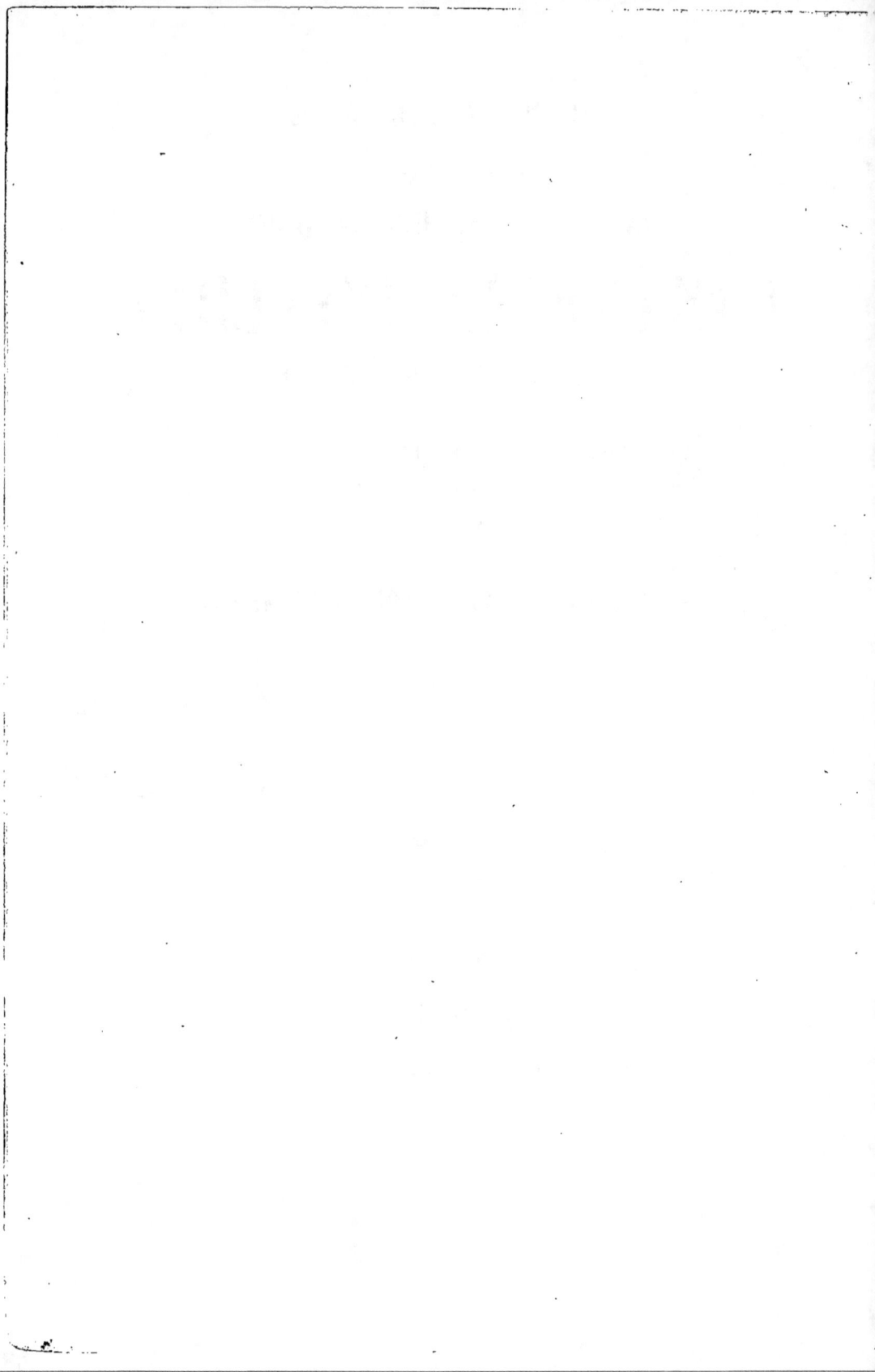

Suscitabo mihi sacerdotem fidelem, qui
juxta cor meum et animam meam faciet.

Je me susciterai un prêtre fidèle, qui agira
selon mon cœur et selon mon âme.

I. REG. II. 35.

Si, à l'occasion de la solennité funèbre qui
nous réunit encore une fois dans ce temple, (*)
en présence de ce cercueil qui renferme une
dépouille si chère et que la terre bénie de ce
sanctuaire s'apprête à recevoir dans son sein,
nous venons payer un second tribut de reconnaissance à la mémoire du vénéré Prélat que
nous chérissions tous à tant de titres; ce n'est
pas, N. T. C. F., dans le but de vous exciter à
répandre des larmes de regret sur sa tombe, si
pure qu'en soit la source, si légitime qu'en soit
le motif. Notre dessein, au contraire, est de cal-
mer votre douleur et de tarir, autant qu'il est en
nous, les pleurs auxquels vous avez pu jusqu'ici
donner un libre cours.

(*) Un service solennel avait été déjà célébré dans la cathédrale d'Ajaccio pour le repos de l'âme de Mgr Casanelli
d'Istria, le 15 octobre, trois jours après le décès du Prélat ; et
Mgr l'Évêque d'Hétalonie y avait prononcé un discours ana-
logue à la circonstance.

Car autant la mort est malheureuse et terrible pour ceux qui ne croient pas, ou qui n'espèrent point revivre dans l'éternité, autant elle est douce et heureuse pour ceux qui s'endorment dans ce double sentiment de foi et d'espérance, vivifié par la charité.

C'est pourquoi le grand Apôtre, qu'animaient au suprême degré la foi à l'immortalité des âmes et l'espérance de la résurrection des corps, et dont tous les efforts, dans ses prédications comme dans ses écrits, tendaient à imprimer ces grands principes dans le cœur des fidèles, les exhorte à se consoler mutuellement des coups que la mort frappe dans leurs rangs, en élevant leurs pensées vers la vie future. Il ne leur défend pas de pleurer sur la tombe de leurs frères ou de leurs amis; car la Religion, loin d'interdire les sentiments de la nature, les ennoblit et les sanctifie; mais il ne veut pas qu'ils pleurent à la manière de ceux qui n'ont point d'espérance.

Fidèle aux instructions de l'Apôtre des Gentils, et pénétré de l'esprit qui les lui dictait, nous entreprenons aujourd'hui, N. T. C. F., sinon de fermer, au moins d'adoucir la blessure encore saignante de vos cœurs.

Pour atteindre ce but, concentrant nos pensées et nos vues sur le saint et bien-aimé Ponlife, objet de tant d'amour et de tant de regrets, nous essayerons de vous le montrer, non plus comme ayant disparu pour toujours de ce monde où il occupait dignement une si large place, et où il laisse un si grand vide ; mais comme jouissant d'une vie meilleure, transporté, nous en avons la douce confiance, et établi à jamais dans un monde nouveau, dans cette cité immortelle, toute resplendissante de gloire et de bonheur, qui est la cité de Dieu et la patrie des élus ; où il nous attend ; d'où il nous appelle et nous contemple d'un regard plein d'amour et de sollicitude, sans cesser d'être au milieu de nous d'esprit et de cœur, par suite des rapports mystérieux qui relient invisiblement les membres de l'Église triomphante à ceux de l'Église militante.

Oui, N. T. C. F., ne craignons point d'appliquer à notre vénéré Prélat, dans leur signification la plus haute et la plus consolante, ces paroles de nos saints livres : *Bienheureux les morts qui meurent dans le Seigneur*, car ils jouissent du repos inaltérable dû à leurs travaux, et leurs œuvres les suivent dans le ciel, pour orner la couronne dont il plaît au suprême Rémunérateur de ceindre leurs fronts.

Ce qui motive notre confiance, N. T. C. F., c'est qu'il a été, d'après le mot de l'Écriture que nous avons pris pour texte, un pontife vraiment suscité de Dieu pour remplir une grande mission, et que, fidèle à sa vocation, il l'a pleinement et persévéramment accomplie, selon l'esprit et le cœur de Celui qui la lui avait confiée.

Le développement de cette double pensée formera le sujet et la division de notre discours.

Dans la première partie nous aurons à admirer et à bénir l'action providentielle de Dieu, préparant de loin, et comme par degrés, le ministre qu'il s'est choisi dans la personne de Mgr Casanelli d'Istria, afin de l'élever à la hauteur de la mission qu'il lui destine, et de lui en faciliter l'accomplissement.

Dans la seconde partie, nous suivrons avec non moins d'admiration, dans sa marche et dans ses progrès, l'action de l'homme, ou pour mieux dire, de l'élu de Dieu, répondant à sa voix et s'appuyant sur la main qui le conduit, pour accomplir la difficile tâche qui lui est imposée. Nous contemplerons ce serviteur fidèle s'appliquant de toutes ses forces à faire valoir le talent qu'il a reçu, luttant à cette fin, avec énergie, contre tous les obstacles qui semblent devoir paralyser ses efforts; ne reculant devant aucune difficulté: les affrontant toutes avec un courage invincible; s'enflammant d'une ardeur nouvelle, à chaque pas qu'il fait dans sa pénible carrière; ne s'épargnant en rien; travaillant nuit et jour à poursuivre le but de ses saintes entreprises; sacrifiant à l'intérêt suprême, qui le domine et l'absorbe tout entier, tous les autres intérêts d'un ordre inférieur, et s'oubliant lui-même, ou plutôt s'immolant tout entier pour le salut et l'avancement spirituel du troupeau confié à ses soins; au point de pouvoir dire avec vérité, comme le grand Apôtre : *Ego autem impendam et superimpendar ipse pro animabus vestris.*

Mais il est temps que nous abordions le sujet dont nous venons d'exposer le plan et d'esquisser le tableau. Notre tâche, quelque haute et grande qu'elle soit, et par là même au-dessus de nos forces, nous deviendra moins difficile; d'abord parce que nul n'est plus à même que nous de raconter, avec pleine connaissance de cause, la vie d'un prélat qui daigna nous associer, malgré notre indignité, à sa charge pastorale, dès le début de son épiscopat, et auprès duquel nous fûmes constamment, jusqu'au terme de sa vie mortelle, le confident de ses pensées, le témoin de ses actes et le compagnon assidu de ses courses évangéliques; — En second lieu, parce que nous avons l'inappréciable avantage de parler devant un auditoire des plus sympathiques, pleinement instruit des faits que nous avons à signaler. Loin de nous accuser d'exagération, vous trouverez, nous n'en doutons pas, N. T. C. F. , que nous sommes demeuré beaucoup au-dessous de la vérité.

PREMIÈRE PARTIE.

Dieu, qui est le suprême ordonnateur des événements d'ici-bas, qui ne fait rien sans un but déterminé et conforme au plan de sa sagesse éternelle; qui, dans les secrets de ses conseils impénétrables, proportionne toujours admirablement les moyens à la fin qu'il se propose : — Dieu, dont la sollicitude providentielle veille, avant tout et par-dessus tout, aux destinées de son Église et au salut des âmes, rachetées par le sang précieux de son divin Fils; Dieu qui, dans l'ensemble de cette œuvre immense dont l'étendue embrasse l'universalité des temps et des lieux, ne dédaigne aucun détail et s'occupe des moindres parties de son vaste domaine avec autant de soin et d'amour que si elles étaient l'objet exclusif de ses attentions paternelles : — Dieu, enfin, pour qui l'île de Corse semble avoir été de tout temps l'objet d'une affection spéciale.

par la grâce insigne dont il l'a favorisée en la maintenant dans l'unité de la foi, vierge de tout contact avec le schisme et l'hérésie, a voulu lui accorder, dans ce dernier temps, un Évêque doué des qualités éminentes qui font les grands pontifes, pour lui donner une nouvelle splendeur, en réparant les désastres d'une époque néfaste.

Le choix qu'il a fait de notre bien aimé Prélat, afin d'opérer cette belle œuvre de restauration, est d'autant plus digne de sa profonde sagesse qu'il semblait, dans le principe, moins conforme aux vues de la sagesse humaine. Ce choix a été d'autant plus providentiel, qu'il était moins prévu, moins calculé, moins attendu de la part de celui qui en était l'objet, et de tous ceux qu'il pouvait intéresser.

Quoique né de parents honorables, sous le double rapport de la vertu et de la position sociale: quoique élevé par une mère pleine d'attentions, de prévoyance et de sollicitude, laquelle, pressentant, par un instinct qu'elle ne dissimulait pas et dont elle ne pouvait se défendre, que le jeune Toussaint, le moins âgé de ses trois fils, était appelé à de grandes choses: bien que, dans cette perspective, elle n'épargnât aucun sacrifice pour enrichir l'intelligence de

son enfant de prédilection de toutes les connaissances qu'il était possible d'acquérir dans le pays,
à cette époque, le jeune Casanelli, doué d'un
caractère enjoué, gracieux, plein d'esprit et d'a-
mabilité, et faisant les délices de ses maîtres,
était loin toutefois de se montrer, à cet âge,
l'élu du Ciel, pour la grande mission qui, dans
les décrets divins, lui était dévolue. Tant la Providence se plaît quelquefois à dissimuler ses
desseins, pour les manifester ensuite avec plus
d'éclat !

Cependant, grâce aux attentions et à la vigi-
lance incessante de sa pieuse mère, qui aimait
son fils d'un amour sans faiblesse ; qui, tout
obligée qu'elle était de le confier, pour son instruction, à des mains étrangères, veillait sur lui,
de loin comme de près, et s'appliquait à former
son cœur, par ses leçons et ses exemples, à
toutes les vertus chrétiennes, le jeune Casanelli,
à mesure qu'il croissait en âge, se dépouillait
des imperfections de l'enfance, et témoignait de
plus en plus de ses aptitudes pour la culture de
la science et de la vertu, par les progrès qu'il y
faisait.

Déjà ses inclinations pour la carrière sacer-
dotale se prononcent , et ses supérieurs ecclésiastiques, découvrant en lui les marques d'une

sincère vocation, ne tardent pas à l'initier dans la cléricature, et bientôt après dans les ordres sacrés. Les succès qu'il obtient dans les études de la science théologique, telles qu'on les faisait alors, et les bons témoignages de ses professeurs, lui méritent enfin la faveur d'être promu, avant l'âge canonique, à la dignité du sacerdoce, qui était l'objet de ses vœux les plus ardents.

A peine est-il revêtu de ce saint caractère, que, dévoré du feu sacré de la science et brûlant du désir de la répandre, il se présente à son Évêque, pour occuper une des chaires d'enseignement public qu'on venait de créer à Vico, son pays natal. Mais le Ciel, qui avait sur lui d'autres desseins, ne permet pas que sa demande soit accueillie. On lui propose, au lieu de l'emploi qu'il sollicite, une modeste position dans l'une des paroisses de la ville épiscopale. Il l'accepte par pure obéissance. Mais, dès le début de ses fonctions dans le saint ministère, il ne tarde pas à s'apercevoir qu'il n'est pas à la place que la Providence lui destine, et son goût prononcé pour la culture des facultés de son intelligence le presse plus que jamais de s'y livrer tout entier. Il ne s'en cache point à son Évêque et le supplie de lui permettre d'aller à Rome, pour s'y perfectionner dans la science sacrée, en

s'attachant à suivre régulièrement les cours éta-
blis dans la capitale du monde catholique pour
l'enseignement de toutes les connaissances di-
vines et humaines qui intéressent la mission du
prêtre.

Rome était alors plus que jamais, par ses
universités et par les professeurs illustres qui
en occupaient les chaires, le foyer de toutes les
sciences, et spécialement de la science sacrée.
C'est là que les jeunes prêtres, animés de
l'esprit de leur état, et jaloux de se rendre plus
utiles à l'Église, en se pourvoyant d'une plus
grande mesure de science et de vertu, allaient,
de tous les points du monde catholique, se re-
tremper et se fortifier dans ce double élément,
indispensable au succès du saint ministère. La
Corse, dépourvue, plus qu'aucun autre diocèse,
de tout établissement d'instruction publique
tant sacrée que profane, fournissait son nombreux contingent à cette affluence de sujets
étrangers qui venaient s'asseoir tous les ans sur
les bancs de la Sapience et des autres facultés
de la ville éternelle.

A l'époque où l'abbé Casanelli y arriva, il y
rencontra plusieurs de ses compatriotes qui s'y
distinguaient par leur application et leurs succès
dans la carrière des études. Animé par le noble

désir de les imiter et de contribuer ainsi, autant
qu'il était en lui, à la gloire de la patrie com-
mune, il ne tarda pas à se montrer leur digne
émule et à se placer dans les premiers rangs,
par ses brillants concours et les nombreuses
couronnes qui en furent le prix.

La réputation qu'il s'est acquise, non seulement auprès de ses concurrents et de ses maîtres, mais encore auprès des membres de la pré-
lature romaine et du sacré Collége, le signale à
l'estime et à l'affection d'un prince illustre de
l'Église, Mgr d'Isoard, lequel, promu naguère
au cardinalat, et bientôt après élevé sur le siége
métropolitain d'Auch, se l'attache d'abord comme
Secrétaire, le conduit avec lui sur le continent
français, et bientôt lui confie les fonctions de
Vicaire général.

Cette nouvelle position, en associant l'abbé
Casanelli à l'administration d'un diocèse parfai-
tement organisé, sous la haute direction d'un
éminent pontife dont il est devenu, nous ne
disons pas seulement le collaborateur, mais le
disciple, l'ami et comme l'enfant d'adoption, le
met à même de cultiver un autre talent non
moins nécessaire que celui de la science et de
la piété à ceux que Dieu destine au gouvernement de son Église; le talent de bien juger les

hommes et de conduire prudemment les affaires.
C'est surtout sous ce dernier rapport que le disciple de l'illustre Cardinal avait besoin d'habi-
leté dans le poste difficile que Dieu lui réservait.

Pendant les cinq années qu'il partage avec
son saint et vénérable maître les soins et les
sollicitudes de l'administration pastorale, il ap-
prend à son école deux autres vertus non moins
indispensables à tous les pasteurs d'âmes, la
franchise qui ne sait point dissimuler le fond
de son cœur, et la générosité, qui est le vrai
talisman pour gagner le cœur des autres, et,
par-dessus tout, cette vertu qui distinguait le
grand Apôtre et le portait à se faire tout à tous,
afin de les sauver tous en les attachant à Dieu
par les liens d'une même charité.

A ces qualités éminemment propres à rendre
plus efficace l'action d'un premier pasteur sur
le troupeau confié à sa garde, Dieu daigna
ajouter, en faveur de son élu, la puissance que
donne à tout chef d'administration, dans l'exer-
cice de sa charge, l'avantage des relations plus
ou moins intimes avec les sommités sociales et
avec les hommes du pouvoir, dont le concours
est d'autant mieux assuré qu'il procède à la fois
du sentiment de la justice et de celui de l'amitié.

Or, c'est au saint et éminent Pontife dont il

est l'enfant de prédilection et le digne disciple, que l'abbé Casanelli sera redevable de tous ces avantages : c'est grâce à lui qu'il pourra assister à deux conclaves et suivre d'un œil intelligent toutes les opérations de ces grandes et augustes assemblées aux mains desquelles l'Église a confié le soin de perpétuer la chaîne des successeurs du Prince des apôtres. — C'est par là que son mérite sera apprécié de près par deux souverains Pontifes, dont le dernier surtout, Grégoire XVI, de sainte et glorieuse mémoire, l'honore déjà d'une tendre et paternelle affection, et lui en donne un précieux gage, au début même de son règne, en joignant à son titre de Prélat Domestique, qu'il tient de Pie VIII, celui de Protonotaire apostolique, et plus tard d'Assistant au trône pontifical.

Le moment est venu, N. T. C. F., où la Providence va dévoiler ses desseins, en manifestant le but des événements dont nous venons de parler et qui ne faisaient qu'en préparer l'accomplissement.

Le siége d'Ajaccio vaquait depuis deux ans, par la mort de Mgr Sebastiani de la Porta, de vénérable mémoire, qui l'avait occupé depuis le Concordat et auquel, non pas la volonté, il convient de le dire, mais les moyens seuls firent défaut pour répondre aux besoins de son Église. Cette longue vacance s'explique par l'embarras où se trouvait le gouvernement de faire un choix qui réunît toutes les sympathies. Toutes les tentatives essayées dans ce but ayant échoué, le problème paraissait insoluble, lorsque, par un concours de circonstances auxquelles la main de l'homme et les calculs de la politique sont complétement étrangers, le nom du jeune vicaire général de l'archevêque d'Auch vient frapper pour la première fois l'oreille du chef de l'État. Ce nom est accueilli dans toutes les régions du pouvoir comme une bonne fortune, dans la situation difficile où l'on se trouve, et ne rencontre nulle part aucune opposition.

Reste cependant une difficulté, à laquelle le Gouvernement ne s'attend pas et qui ne doit pas lui coûter moins de peine à vaincre; c'est la répugnance extrême du nouveau candidat à accepter le fardeau de l'épiscopat et son refus formel de souscrire au choix qui l'appelle dans son pays natal. Cette résistance de l'Évêque nommé ne provient pas seulement d'un sentiment de modestie et de sage défiance de ses propres forces; elle s'explique encore par son profond attachement envers la personne de l'illustre et vénéré Pontife dont il ne peut se séparer, et qui ne tient pas moins à lui par la réciprocité des mêmes affections. Dieu sait tous les efforts qu'ils firent l'un et l'autre, de concert, pour paralyser la cause d'une séparation si douloureuse. Il ne fallut rien moins, pour triompher de cette double opposition, que la volonté formelle du chef suprême de l'Église qui, pressé par le pouvoir civil de se prononcer sans retard afin de prévenir de plus grands embarras, se hâta de préconiser le nouvel Évêque, avant même d'avoir reçu les informations canoniques, par une mesure tout-à-fait exceptionnelle, qui témoigne de la haute estime dont jouissait Mgr Casanelli auprès du Pape Grégoire XVI.

Après tous ces précédents, dont l'ensemble porte le cachet visible de l'action de la divine Providence, le nouveau prélat peut se présenter avec confiance à l'onction pontificale, qu'il reçoit des mains de son vénéré père, le jour de l'Immaculée Conception, dans cette église métropolitaine où il a siégé à ses côtés pendant cinq ans; il peut, à son tour, s'asseoir sans crainte sur un trône épiscopal, et appuyé sur sa houlette pastorale, répandre à pleines mains les bénédictions d'en haut sur l'immense assemblée attirée dans le temple par la solennité dont il est l'objet, et recevoir les vœux et les félicitations d'un peuple

2

et d'un clergé qui, tout en applaudissant à sa promotion qu'ils regardent comme la juste récompense de son mérite, ne peuvent se défendre d'un sentiment de douleur et de regret en pensant qu'ils vont le perdre.

Revêtu du caractère sacré qu'il a reçu avec l'onction sainte, et de la grâce qui y est attachée, il peut traverser la mer, aborder à ce rivage de la patrie qu'il n'a pas vu depuis douze ans, et recevoir avec un cœur d'ami, de père et de compatriote les acclamations unanimes qui l'accueillent à son débarquement, comme un témoignage public et solennel de la joie d'un peuple qui retrouve un père, et d'une église qui retrouve son pasteur.

Sans doute, les difficultés qui attendent le nouveau chef du diocèse d'Ajaccio sont grandes, nombreuses, et humainement parlant, insurmontables. Mgr Casanelli ne se les dissimule pas, et c'était là un des plus forts arguments qui motivaient ses répugnances à accepter le lourd fardeau de l'épiscopat. Il connaît, il sent, il avoue hautement son impuissance personnelle pour surmonter tant d'obstacles qui se dressent à la fois devant lui dès son entrée dans la carrière pastorale. Il a à défricher un champ immense, demeuré jusque-là presque inculte par

le malheur des temps et des événements politi-
ques qui ont bouleversé la France. Il s'agit pour
lui de relever les ruines de tant d'établissements
ecclésiastiques et de maisons religieuses ren-
versées par la tourmente révolutionnaire ; il
s'agit de rétablir l'ordre et la discipline dans la
milice sainte, et de créer les institutions nécessaires pour en assurer le recrutement ; il s'agit
de faire disparaître du sein des peuples confiés
à sa sollicitude des abus invétérés et déplorables,
au double point de vue de la religion et des
mœurs, et de cicatriser des plaies profondes et
toujours ouvertes qui ne tendent à rien moins
qu'à décimer les familles et à répandre le deuil
sur les populations ; il s'agit, enfin, de garantir
tout ensemble le présent et l'avenir, en formant,
d'une part, à la vie chrétienne et sociale les
fractions éparses d'un vaste bercail demeurées
jusque-là sans pasteur, et en procurant, de
l'autre, le bienfait de l'instruction religieuse aux
générations naissantes.

Pour attaquer de front tant de difficultés à la
fois, et surtout pour les vaincre, il faut sans
doute une force surnaturelle et une action, pour
ainsi dire, divine ; il faut un homme abondam-
ment pourvu de l'esprit et de la force d'en haut,
qui seconde efficacement l'œuvre de la Provi-

dence. Or, Dieu, nous venons de le voir, se
l'est déjà choisi et préparé d'avance dans la
personne de Mgr Casanelli d'Istria. Afin que son
envoyé ne succombe pas dans la lutte, il lui a
donné l'esprit d'initiative pour concevoir ses
desseins, l'intelligence pour les concerter, la
résolution pour les entreprendre, la fermeté
pour les soutenir et la persévérance pour les
mener à bonne fin ; et son assistance ne lui fera
jamais défaut dans toutes ses démarches.

Aussi, quelque profonde que soit la convic-
tion de sa faiblesse et de son insuffisance, Mgr
Casanelli d'Istria, loin de se décourager, puisera
dans ce sentiment même le principe d'une énergie nouvelle, en redisant avec le grand Apôtre :
Cum infirmor, tunc potens sum. Fort de sa mission, qu'il n'a pas sollicitée, mais qu'il a dû subir ; fort de son désintéressement et de la pureté
de ses intentions , n'étant pas de ceux dont
S¹-Paul a dit : *Quæ sua sunt quærunt, non quæ
Jesu Christi* ; ne cherchant, lui, avant tout, que
la gloire de Dieu et le bien de l'Église, le progrès de la religion et la prospérité d'un pays
qui est tout ensemble son diocèse et sa patrie,
pour lequel il professe un dévouement sans
bornes, et comme citoyen et comme premier
pasteur ; il ne reculera point devant sa tâche toute scabreuse et laborieuse qu'elle est.

SECONDE PARTIE.

La mission d'un Évêque fut, dans tous les
temps et notamment dans ceux où nous vivons,
une mission laborieuse, une mission de fatigue,
de travail et de dévouement. Jésus-Christ, par
le choix qu'il fait des premiers pasteurs pour la
direction des diverses parties de son immense
bercail, ne les appelle pas aux jouissances d'une
vie paisible et tranquille, mais aux pénibles fonctions de l'apostolat. En les associant à son divin
ministère par le glorieux caractère dont il les
revêt, il entend les associer à ses travaux, et ce
n'est qu'à la condition d'accomplir cette partie
essentielle de leur vocation, qu'ils peuvent se
promettre de partager un jour les joies et les
honneurs de son triomphe éternel.

Or il y a divers degrés dans les travaux et les
peines attachés à la charge pastorale. Mais la part
réservée à l'Évêque d'Ajaccio doit, dans les desseins de Dieu, excéder de beaucoup les limites
ordinaires, sous le double rapport de la multi-
plicité et de la durée. Les labeurs qui l'attendent
sont des labeurs de toutes sortes et, pour ainsi
dire, sans nombre. En vain essayerions-nous
d'en faire ici l'énumération. Ceux-là seuls qui
ont approché de près Mgr Casanelli d'Istria, qui

l'ont suivi pas à pas dans sa longue carrière, qui l'ont vu à l'œuvre avec son caractère actif, énergique, infatigable, peuvent s'en faire une juste idée. Appliqué tout entier à l'accomplissement de sa noble et difficile tâche, il y emploie simultanément toutes les facultés de son esprit, toutes les affections de son cœur, tout ce que la nature lui a donné de forces morales et physiques.

Chargé d'un diocèse où tout est à faire, qu'il veut, à tout prix, constituer sur le pied des diocèses du continent dont il a été à même d'admirer l'organisation et qu'il s'est proposés pour modèles ; sa première pensée, le premier élan de son zèle est de travailler à fonder des institutions pour y préparer de loin et y former avec maturité les vocations ecclésiastiques. Il sent que c'est là le point principal de son administration, la base essentielle de tous ses projets de réforme, et il en fait l'objet de ses plus sérieuses préoccupations. Il proteste, dès son arrivée, que sa résolution bien arrêtée est de n'imposer les mains à aucun des nombreux sujets qui se présentent à lui, avant qu'ils n'aient subi les épreuves prescrites par les saints canons. Il prévoit dans quelle désolation cette mesure nécessaire, mais inattendue, va plonger les familles de tant de jeunes gens déçus dans leurs espérances. L'âme si sen-

sible du Premier Pasteur s'en afflige profondément, et ce ne sera pas un des moindres ennuis
de son épiscopat. Mais sa conscience d'Évêque et
son ardent désir de remédier à une situation on
ne peut plus regrettable, au point de vue des
intérêts de son Église, l'obligent à subir au fond
de son âme le tourment de la sollicitude qui l'op-
presse. Placé dans la triste alternative ou de re-
pousser du sanctuaire les sujets véritablement
appelés de Dieu, ou d'en ouvrir l'entrée à ceux
que leur vocation n'y appelle point, ne pouvant
discerner les uns des autres, il s'occupe sans le
moindre retard de la fondation de ses séminaires.

Et ici, N. T. C. F., quelle longue chaîne de
tribulations, de chagrins et de fatigues n'aurions-
nous pas à dérouler devant vous, si nous pou-
vions entrer dans tous les détails intéressants de
cette longue lutte qui a heureusement abouti,
après tant de péripéties, à la création de deux
établissements ecclésiastiques qui sont un des
plus beaux ornements de cette cité, qui assu-
rent désormais la perpétuité du sacerdoce dans
notre île et qui suffiraient à eux seuls pour illus-
trer l'épiscopat de Mgr Casanelli d'Istria, et lui
garantir à jamais les bénédictions des générations futures. Qu'il nous suffise de signaler par
le côté le plus merveilleux cette magnifique
création.

Le Petit Séminaire ; sans parler de son ainé qui rivalise aujourd'hui avec les grands séminaires du continent les mieux constitués, le Petit Séminaire, disons-nous, a été édifié sans que l'État ait contribué d'aucune manière à cette énorme dépense. Il a fallu que l'Évêque, pour se procurer les fonds nécessaires à sa colossale entreprise, frappât à toutes les portes, intéressât à cette œuvre toutes les classes de la société, le clergé et le peuple, la ville et le département, ses nombreux amis du dehors aussi bien que ses diocésains, ses vénérables collègues dans l'Épiscopat et jusqu'au Souverain Pontife lui-même, qui ne fut pas sourd à son appel. Il convient de dire, à la vérité, qu'aucune sympathie ne lui fit défaut. Mais que de peines, que de soucis, que de démarches et d'industries de tout genre ne lui coûta point ce concours généreux et universel qui lui permit de conduire à bonne fin une œuvre si importante !

Ce n'est pas tout que de former des prêtres, de les initier à toutes les connaissances et à toutes les vertus de leur saint état. Une fois sortis des longues épreuves auxquelles ils ont été soumis dans les séminaires ; une fois lancés dans la carrière pastorale, si hérissée d'épines et de périls, il faut encore songer aux moyens de les

maintenir dans l'esprit de leur vocation, et veil-
ler à ce qu'ils ne perdent ni le goût de l'étude,
ni celui de la piété au milieu d'un monde dont
le contact est si dangereux pour l'une et pour
l'autre. Aussi, nul Évêque ayant la conscience
de son devoir ne s'endort sur une question si
capitale. Le Premier Pasteur de la Corse a dû,
plus qu'aucun autre, s'en préoccuper, n'ayant
trouvé à son arrivée dans son diocèse aucune in-
stitution établie pour répondre à cet impérieux
besoin; et s'il a réussi, Dieu aidant, à combler
ce vide par l'obligation des examens annuels imposée aux jeunes prêtres, et par l'établissement
des retraites pastorales, ce n'a été, certes, ni
sans de profondes inquiétudes, ni sans de nombreuses difficultés, vu l'étendue du diocèse et les
obstacles à vaincre pour réunir en un seul lieu
tant de prêtres attachés au service des paroisses.

Après les institutions tendant au bon recrutement et à la sage réforme du clergé, viennent
celles qui concernent l'instruction et la réforme
du peuple. C'est là un point qui a le plus donné
d'inquiétudes, de peines et d'occupations à Mgr
Casanelli d'Istria. Il avait à conduire dans les
voies du salut un peuple qu'il connaissait déjà et
qu'il aimait tendrement, avant même qu'il en de-
vint le Premier Pasteur. Il savait tout ce qu'il y a

de bon et d'excellent dans le caractère de ses compatriotes, et plus d'une fois il en a pris la défense devant leurs détracteurs. Mais il n'ignorait pas qu'au milieu de tant de rares qualités qui distinguent le peuple corse, il y avait des défauts qui le déparaient. Ces défauts procédaient, il est vrai, de l'exagération d'un faux point d'honneur ou d'une vertu mal comprise, plutôt que de la corruption du cœur ou de la bassesse des sentiments. Mais, tout en admettant cette considération comme circonstance atténuante, on ne peut s'empêcher de reconnaître que ces défauts étaient graves, énormes même, au point de vue religieux et social. Contentons-nous de signaler les trois principaux travers ou, pour mieux dire, les trois grandes plaies morales, la vengeance, le concubinage et le faux serment, qui désolaient le diocèse à l'époque où Mgr Casanelli d'Istria en prit la direction.

Quoique particulières à quelques classes de la société, ces sortes d'épidémies n'en étaient pas moins dignes de larmes et de profonds regrets. Elles devaient tourmenter au plus haut degré le cœur d'un Évêque doublement intéressé, et comme pasteur et comme Corse, à les extirper, autant qu'il était en lui, du sein de son diocèse et de son pays. C'est à quoi il s'est appliqué avec toute l'énergie de son zèle apostolique. Mais qui pourrait dire tout ce qu'il a dû dépenser de temps , de forces , de ressources et d'expédients pour aboutir à ce résultat si désirable? Que n'a-t-il pas fait, surtout dans les premières années de son épiscopat, pour réconcilier les partis domestiques qui divisaient en deux camps les populations entières ; pour désarmer les haines , quelquefois séculaires, qui les alimentaient ; pour arracher enfin du fond des cœurs l'instinct de la vengeance et tous les germes de ressentiment qui, comme un feu caché sous la cendre, n'attendaient qu'une occasion pour faire explosion et produire souvent les plus grands désastres ! C'était un spectacle des plus émouvants que de le voir aux prises avec ces passions fougueuses qui brisent tous les freins et qu'aucune considération d'intérêt humain ne saurait arrêter. C'était sur le terrain seul de la foi qu'on pouvait en avoir raison. Aussi la religion était-elle le grand ressort que mettait en jeu le Premier Pasteur de l'Église de Corse , et c'est aussi par là que son intervention dans ces sanglantes luttes et son action conciliatrice se distinguaient éminemment par les heureux résultats qui les couronnaient. Ce qui donnait un si grand ascendant, une autorité si puissante à son caractère sacré , ce sont , il faut le dire, les principes de foi qu'il trouvait profondément gravés dans tous les cœurs et que le Corse n'abdique jamais, même dans ses plus grandes aberrations morales. C'est pourquoi, pouvait-il dire après chacune des nombreuses et solennelles pacifications qu'il a opérées en tant de rencontres, et qui toutes portaient le sceau de la stabilité : « Non, ce n'est pas à nous, mais à Dieu seul et à la foi qui règne dans mon diocèse qu'il faut rapporter l'honneur de cette victoire inespérée : *Hæc est victoria quæ vincit mundum, fides nostra.* »

Ce même sentiment religieux, qui a si puissamment aidé au succès des efforts de notre vénéré Prélat contre les vengeances et les inimitiés, ne lui fut pas moins utile pour obtenir qu'il triomphât également de la plaie lamentable des unions illégitimes. Là, c'était la haine qu'il fallait combattre et désarmer; ici, c'est l'amour désordonné qu'il s'agit d'éteindre et d'arracher des cœurs, et ce labeur n'est pas moins coûteux et difficile que le premier; car on sait que l'amour et la haine sont les deux pivots des actions humaines et comme les deux pôles de notre âme, qui s'égalent en puissance. La crainte de Dieu, l'appréhension de ses terribles jugements et la perspective des peines infinies dont il punit les infracteurs de sa loi peuvent seules l'emporter contre ces forces tyranniques qui oppriment l'homme et le dégradent, quand elles sont dévoyées.

Soutenu de la force d'en haut, parlant au nom et avec l'autorité de Celui qui l'a envoyé, l'Évêque d'Ajaccio ne craint pas de se mesurer avec ce formidable ennemi qui infecte le diocèse de ses poisons mortels. Il l'attaque d'abord en détail partout où il le rencontre et, pour en venir à bout plus promptement, il lui livre, pour ainsi dire, une bataille rangée, il le foudroie de ses censures; mais les traits qu'il lance, en atteignant les coupables, ne les renversent que pour les relever, ne les blessent que pour les guérir. Ainsi se trouva pleinement justifiée par ses effets salutaires une mesure hardie qui, tout applaudie qu'elle fut en Corse dans tous les rangs de la société, avait été sur le continent un sujet de surprise et presque de scandale.

Une troisième plaie, fruit de la première, c'était la plaie des faux serments devant la justice criminelle. Le même préjugé qui semblait devoir légitimer la *vendetta*, autorisait dans les esprits imbus de cette erreur, le mensonge inspiré par le seul désir de sauver un ami, ou de perdre un ennemi. La magistrature corse gémissait

profondément et se plaignait tout haut d'un abus
qui la mettait dans l'impuissance de démêler la
vérité d'avec l'erreur. En vain les juges appli-
quaient rigoureusement les peines édictées contre les faux témoins , dans les cas qu'ils pouvaient constater. Il fallut que le Premier Pasteur
du diocèse fulminât contre ce déplorable travers
les peines canoniques , pour réveiller dans les
cœurs et faire prévaloir sur la passion le respect
de la vérité.

Mais le devoir d'un Évêque ne se borne pas à
défricher le champ qui lui est confié , à en arracher les ronces et les plantes vénéneuses : il faut
encore après cela qu'il y sème le bon grain, qu'il
y fasse des plantations utiles , et qu'il en assure
la culture en appelant à sa suite des ouvriers in-
telligents et laborieux. C'est ce que notre cher
Évêque a diligemmeut pratiqué.

Dès ses premières visites pastorales , en tra-
versant les vastes plages de son diocèse, ou en
gravissant le sommet escarpé des montagnes qui
les dominent , il eut la douleur d'y rencontrer
des populations nomades conduisant de nombreux troupeaux , et étant elles-mêmes comme
des brebis sans pasteur , privées de tout secours
religieux et connaissant à peine l'Auteur de leur
être et le Rédempteur de leurs âmes. Le cri de

tant d'enfants délaissés qui demandaient le pain
de l'instruction sans que personne le leur distri-
buât, a profondément attendri ses entrailles paternelles; et ne pouvant se fixer au milieu d'eux,
il ne s'est point donné de repos qu'il n'ait obtenu
du Gouvernement, à force de sollicitations et
d'instances réitérées, l'établissement de nouvel-
les paroisses afin de garantir à ces peuples épars
le bienfait du ministère pastoral. Grâce à ses démarches incessantes et renouvelées chaque année, le nombre de ces établissements de nouvelle création a dépassé, sous son épiscopat, le
chiffre de soixante. C'est presque l'équivalent
d'un des diocèses d'autrefois dont la réunion for-
me la circonscription du diocèse actuel.

Quelque bienfaisant que soit dans ses attribu-
tions le ministère des prêtres préposés à la direction des paroisses, l'expérience a prouvé que
leurs efforts isolés ne suffisent pas toujours au
renouvellement spirituel de leurs ouailles, et qu'il
faut quelquefois leur adjoindre momentanément
des auxiliaires dont la voix moins connue, plus
autorisée, et partant plus persuasive, entraine
les cœurs et les ramène dans les voies du salut.
L'Évêque l'Ajaccio, dans sa sage prévoyance, a
pourvu à ce besoin en rachetant tout d'abord, au
prix de grands sacrifices, l'ancien couvent de

Vico, et en y établissant les religieux de la con-
grégation des Oblats de Marie Immaculée , dont
la fonction spéciale est d'évangéliser les peuples
et de venir en aide aux pasteurs qui réclament
leur secours.

Le sentiment de la reconnaissance ne nous
permet pas de taire ici le nom chéri de Mgr Gui-
bert, aujourd'hui archevêque de Tours, qui fut
le chef et le conducteur de cette vaillante colonie
et à qui nous devons l'organisation de nos deux
séminaires dont il fut le premier supérieur.

Le nombre de ces précieux auxiliaires s'est
successivement accru par la fondation de plusieurs autres maisons religieuses, établies dans
nos cités et sur les principaux points du diocèse,
d'où ils vont répandre le bienfait de leur utile co-
opération partout où ils sont appelés.

En réclamant le concours généreux de ces ouvriers évangéliques, le premier Pasteur n'enten-
dit nullement dispenser ses curés de l'obligation
d'instruire leurs peuples par la prédication de la
parole divine , et par l'enseignement des éléments de la religion aux générations qui s'élè-
vent. Encore moins prétendit-il se soustraire lui-
même à cette obligation rigoureuse. Aussi , un
de ses premiers soins, dès son arrivée dans son
diocèse, est-il d'en visiter successivement toutes

les parties, jusqu'aux plus éloignées de son siége
épiscopal, sans en excepter une seule; et c'est
là surtout qu'on le voit déployer son zèle apostolique avec une ardeur et une persévérance qui
ne se sont jamais relâchées, et qu'aucun obs-
tacle, aucune difficulté n'ont pu arrêter ni
ralentir. C'est là qu'on le voit braver tous les
périls et toutes les fatigues, pour qu'aucune
portion de son cher troupeau ne se dérobe à
l'influence de son saint ministère. Quoique ac-
compagné, dans ses courses lointaines, par des
collaborateurs dignes de partager avec lui les labeurs et les fruits de l'apostolat, il en réserve
pour lui seul la partie la plus délicate et la plus
épineuse; il veut s'assurer par lui-même de la
préparation des enfants qui lui sont présentés
pour la réception du saint chrême. Son bonheur
est d'entendre cet âge intéressant rendre témoignage de sa foi devant l'assemblée des fidèles, et
glorifier de ses lèvres timides, mais pures et in-
nocentes, le Créateur et Sauveur du monde, qui
ne dédaigne pas de s'appeler leur père.

Autant ses courses pastorales étaient mêlées
de travaux et de peines, autant elles étaient fé-
condes en fruits de salut pour les peuples, et en
consolations de tout genre pour le Premier Pasteur. Aussi, ces touchantes visites se signalaient-

elles partout par une joie expansive et réciproque entre le pasteur et le troupeau, et il eût été difficile de dire lequel des deux en éprouvait le plus de jouissance.

Quelque longues et fréquentes que fussent ses tournées dans un diocèse si difficile à parcourir, Mgr Casanelli d'Istria, qui en comprenait toute l'importance, eût désiré les multiplier et les prolonger encore davantage. Mais les soins infinis de son administration ne le lui permettaient pas. Il y supplée, par ses mandements et ses instructions pastorales qu'il adresse chaque année à son peuple, aux approches de la sainte quarantaine, et toutes les fois que quelque événement notable ou quelque nécessité publique lui en fournit l'occasion. L'obligation qu'il s'est imposée d'éditer ses publications dans les deux langues italienne et française, pour les mettre à la portée de tout le monde, double pour lui le poids de cette charge. Mais cette considération n'a jamais ralenti l'ardeur de son zèle ; et ce ne serait pas un mince labeur que d'entreprendre, nous ne disons pas d'analyser, mais d'énumérer tous les sujets qu'il a abordés et développés durant le cours des trente-six années de son épiscopat.

Son cœur se révèle tout entier dans chacun

de ses écrits, mais le caractère le plus saillant qui les distingue, c'est un amour ardent pour son peuple, une soif inextinguible de son bonheur et de sa prospérité spirituelle et temporelle, un attachement invincible à la foi de ses pères et conséquemment au Saint-Siège, dont il se montra toujours l'intrépide défenseur ; c'est enfin, par dessus tout, un sentiment de haute estime pour son clergé, dont il ne se lasse point d'exalter le patriotisme et le dévouement, dont il vante en toute occasion le généreux concours, et auquel il rapporte, après Dieu, la principale gloire de ses œuvres diocésaines. C'est pourquoi ses lettres pastorales ne seront pas un des moindres monuments qui illustreront sa mémoire.

Au premier rang de ses publications nous croyons devoir placer, en raison de l'importance et de l'utilité du sujet, le *Grand Catéchisme* édité pour l'usage de son diocèse. Ce livre, destiné à compléter l'instruction religieuse de la jeunesse de l'un et de l'autre sexe, élevée dans les grands établissements d'instruction publique de la Corse, ne pouvait atteindre efficacement son but qu'autant que l'éducation du premier âge serait confiée à des mains sûres et éprouvées. C'est à quoi notre Prélat a pourvu, dans la mesure de ses forces, soit en multipliant les écoles primaires dirigées par des communautés religieuses, soit en usant de toute son influence pour obtenir de l'administration civile que les autres écoles fussent dirigées par des instituteurs et des institutrices pénétrés de l'esprit de la religion.

Jusqu'ici, N. T. C. F., nous nous sommes borné à vous montrer notre bien-aimé Pontife comme répondant à sa vocation divine par un travail ardu, incessant et opiniâtre dans le vaste champ dont Dieu lui avait confié la culture. Et certes, les œuvres nombreuses et éclatantes qu'il a produites démontrent que son labeur n'a pas été stérile.

Nous devrions, pour compléter le tableau de sa vie, vous le présenter maintenant tel qu'un vaillant athlète du Christ, *bonus miles Christi*, défendant avec intrépidité le sacré dépôt dont il est le gardien, et ne craignant pas de se mesurer avec les grandeurs de la terre et les puissants du siècle, pour sauvegarder l'indépendance de son caractère et la liberté de son divin ministère, aussi bien que l'honneur de la religion et le respect de la maison de Dieu, toutes les fois que ces intérêts suprêmes lui semblaient attaqués, compromis, ou seulement menacés : tant le sentiment du devoir et l'intérêt de sa propre

dignité ont dans son cœur d'Évêque des racines
profondes, et tant s'exalte son courage au milieu
même des conflits et des difficultés qui parais-
sent le plus de nature à le paralyser ! Mais nous
aurions trop à dire, et nous dépasserions de
beaucoup les bornes d'un discours, si nous vou-
lions entreprendre, nous ne disons pas de traiter
à fond, mais même d'ébaucher une pareille ma-
tière. Laissons à l'histoire le soin de raconter
ces luttes glorieuses qui ont signalé la vie militante de notre courageux Évêque, et dans les-
quelles presque toujours, en dépit de toutes les
résistances, la victoire se déclara pour le bon
droit.

Toutefois, N. T. C. F., nous pensons que
vous auriez à nous reprocher une trop large la-
cune dans le plan que nous nous sommes tracé,
si, après avoir parlé de nos deux Séminaires,
aujourd'hui si florissants, nous rejetions dans
l'ombre du tableau deux autres monuments non
moins chers à la ville d'Ajaccio et à la Corse en-
tière, d'autant plus dignes d'être cités ici à la
louange de notre illustre Prélat, qu'ils ont été
pour lui l'objet de plus rudes et de plus longs
combats, et l'occasion de plus grands labeurs et
de plus pénibles fatigues.

Hélas ! Dieu n'a pas permis que son serviteur

jouit ici-bas du fruit de tant de peines et d'attentes si patiemment endurées, pendant plus de vingt ans, dans l'unique but de relever la splendeur de nos solennités, en obtenant, pour le diocèse et pour la ville d'Ajaccio en particulier, la réparation de l'oubli, pour ne pas dire de l'injure séculaire dont ils sont les victimes de la part de la mère-patrie. Les efforts héroïques du Premier Pasteur n'ont pas été stériles, et s'il a dû travailler longuement et péniblement pour réunir en un seul faisceau toutes les volontés et les faire toutes conspirer à l'accomplissement de son noble dessein, il a pu remercier Dieu, avant de mourir, d'y avoir, par deux fois, réussi.

Ah ! sans doute, ce n'était pas pour vous personnellement que vous vous fatiguiez, généreux Pontife, lorsque vous luttiez contre tant d'obstacles. Vous saviez bien que vous n'habiteriez jamais votre futur palais, et que vous n'officieriez point dans votre nouvelle cathédrale. Vous n'ignoriez point que d'autres recueilleraient ce que vous semiez. Cette pensée n'a pu ralentir votre zèle, ni modérer votre ardeur. Ah ! c'est que la charité seule, la charité toute pure vous inspirait et vous soutenait; vous vous oubliiez vous-même, ou plutôt, comme la charité ne

meurt point, vous vous sentiez d'avance revivre, pour ainsi dire, dans le Pasteur qui vous
succèderait et dans le troupeau bien-aimé que
vous lui laisseriez en héritage. Dieu a béni
votre foi. Comme Abraham, vous avez espéré
contre l'espérance, et s'il ne vous a pas été
donné de voir s'élever au milieu de votre chère
cité d'Ajaccio les deux monuments que vous
aviez tant à cœur, vous avez eu du moins la
consolation, avant de mourir, de bénir une
première pierre que notre auguste Souveraine
est venue poser et sceller de ses mains royales,
comme un témoignage de vitalité et un gage
de sécurité pour l'avenir des projets que vous
avez si laborieusement enfantés.

Pour achever le tableau de la vie de notre
bien-aimé Prélat, nous devrions, par un dernier
trait, relever le côté par où ses travaux et ses
luttes se distinguent éminemment, et présentent
un caractère de grandeur qui en rehausse sin-
gulièrement le mérite. Le point de vue que
nous voudrions offrir à votre attention et qui
nous semblerait particulièrement digne de fixer
vos regards, c'est la longue durée et la conti-
nuité des labeurs et des combats qui ont rempli
la carrière épiscopale de Mgr Casanelli d'Istria.

Nous osons affirmer que dans cette carrière, à

la fois si laborieuse et si militante, qui s'est prolongée pendant plus d'un tiers de siècle, il n'y a jamais eu ni repos ni trève : les travaux y succédaient aux travaux, les difficultés aux difficultés, les fatigues aux fatigues, sans le moindre relâche; et souvent, en s'accumulant les uns sur les autres, ces travaux, loin de laisser un moment de répit, ne faisaient qu'augmenter chaque jour le poids de la fatigue.

Et néanmoins, tel est l'empire de l'âme sur le corps, d'une volonté forte et énergique sur les facultés physiques, ou plutôt telle est la puissance de la grâce sur la nature dans les hommes de Dieu, qui ont à cœur avant tout d'accomplir rigoureusement et pleinement leur tâche, la santé de notre cher Évêque résistait admirablement à tant d'occupations et de sollicitudes. Il retournait de ses pénibles visites pastorales aussi vigoureux et aussi agile qu'il l'était à son départ.

Combien de fois, au milieu de ses longues veilles, ses secrétaires, qui les partageaient, se laissaient choir de lassitude à ses côtés, tandis que lui demeurait seul ferme sur son siége, la plume à la main ! L'action lui était naturelle et formait comme un des éléments les plus essentiels de son tempérament. Il s'est soutenu dans la pleine vigueur de ses forces physiques et morales jusqu'à la fin de ses jours, et malgré la blancheur de sa chevelure intacte qui ornait son front vénérable, ceux-mêmes qui l'approchaient de près étaient tentés de croire, en contemplant les traits de son visage sans ride, qu'il ne vieillissait pas.

La dernière année de son épiscopat a été une des plus occupées de sa vie. On l'a vu presque en même temps, dans une course pastorale qui n'a pas duré moins de quatre mois, se multiplier presqu'à la fois sur les points les plus éloignés de son diocèse, dans la Balagne, dans le Nebbio, dans le Cap-Corse, à Sartene, et couronner cette rapide visite par la réception solennelle d'une Auguste Visiteuse qui est venue, une seconde fois, apporter à la Corse le bienfait de sa puissante influence. Et, sans se donner le temps de respirer, il accueille, immédiatement après, tout son clergé paroissial dans deux retraites consécutives, dont il préside tous les exercices et qu'il termine par l'inauguration d'une procession solennelle en l'honneur de la Reine des cieux, qu'il honora toujours d'une tendre et filiale dévotion.

Vous avez vu, N. T. C. F., avec quelle ferveur, parcourant les rues de votre cité, à la tête de son clergé et de son peuple, il récitait son Rosaire comme le plus humble des fidèles.

Hélas! c'était pour la dernière fois qu'il se montrait à ce peuple bien-aimé!...

Et pourtant il lui reste encore un grand acte à accomplir, un des vœux les plus chers de son cœur à réaliser!... Rome, où le pape l'appelle; Rome, au sein de laquelle va se réunir, de tous les points de la catholicité, cette solennelle assemblée où il doit siéger comme doyen de l'Épiscopat de France, au milieu de tant d'illustres prélats, ses collègues et ses amis; Rome, où il a passé les plus belles années de sa vie et où il a laissé de si précieux souvenirs; Rome, qu'il vénéra toujours, dans la personne de ses augustes Pontifes, non seulement comme le centre immuable de l'unité catholique, mais encore comme la maîtresse et l'organe infaillible de la vérité; Rome enfin, qu'il aima constamment d'un amour si tendre et si fort, vers laquelle son cœur se reportait sans cesse et dont la pensée le suivait partout; Rome l'attend; il a hâte de s'y rendre.

Débarrassé de tout autre soin, il ne s'occupe plus que de ce grand voyage, qu'il médite depuis deux années. Il n'a plus à faire, avant de l'entreprendre, que ses derniers apprêts. C'est dans ce but, qu'à peine sorti des deux retraites pastorales où il a reçu de tous ses prêtres le

pieux mandat de déposer aux pieds du glorieux
Pie IX, leur père commun, l'expression unanime
de leurs vœux et de leur soumission filiale, il
s'empresse de regagner sa chère solitude du couvent de Vico, l'esprit et le cœur pleins du projet
de son saint pèlerinage. Impatient de l'exécuter,
on le voit tressaillir d'avance à la seule pensée
des jouissances dont le sacré Concile sera pour
lui l'heureuse occasion.

Mais, ô profondeur des secrets divins dans le
mystère même de nos propres destinées! Cette
perspective, qui a tant de charmes pour l'âme si
romaine de notre saint prélat, doit tout à coup
disparaître et s'évanouir à ses yeux. Une volonté
plus puissante que toutes les volontés humaines
le convie, sans qu'il s'en doute, à des joies plus
durables que celles de la terre, aux joies dont
on jouit dans la cité céleste, au sein de l'immortelle assemblée des élus qui entourent le trône
de Dieu et le contemplent face à face dans les
splendeurs de sa gloire ineffable.

Notre vénéré Prélat ignorait, sans doute, sa
dernière heure, comme chacun de nous ignore
la sienne. Mais il ne l'a pas attendue pour se
disposer au grand voyage de l'éternité. Il s'est
fait une sainte habitude d'avoir toujours cette
heure présente à sa pensée : il ne veut pas en

être détourné ; et chaque fois qu'on le félicite de sa longévité, ou qu'on le complimente sur sa verte vieillesse, en lui souhaitant une série d'années encore plus longue : « Non, non, répond-il aussitôt, ne me désirez point une plus longue vie ; priez Dieu plutôt pour qu'il daigne m'accorder une bonne mort. »

Tout préparé qu'il était à rendre compte à Dieu de son administration, notre cher Prélat ne pouvait prévoir cependant que l'heure en serait si prochaine ; et nous tous, autant et plus que lui, nous étions loin de nous attendre à une séparation si prompte, quand nous le vîmes s'acheminer vers sa retraite de Vico, plus joyeux que de coutume, après avoir affectueusement embrassé ceux qui ne pouvaient l'y accompagner. Hélas ! qui nous eût dit, lorsqu'il nous étreignait contre sa poitrine avec tant d'effusion, qui nous eût dit que cette démonstration était le dernier adieu d'un père tendrement chéri à son fils bien-aimé !...

Huit jours plus tard il n'était déjà plus ; et le coup inattendu de cette fatale nouvelle venait nous frapper avec la rapidité de la foudre, au moment même où l'on cherchait à dissiper nos craintes !... Ah ! nous sentons notre cœur se fendre de douleur à ce triste souvenir !

Mais retenons nos soupirs: et s'il s'échappe
encore quelques larmes de nos yeux, qu'elles
tombent sur nous plutôt que sur lui; car, c'est
nous qui sommes véritablement à plaindre.

Quant à vous, ô cher et regrettable Père,
certains.comme nous sommes que vous n'aviez
rien à redouter des approches de la mort, et que
vos dernières souffrances, sanctifiées par une
patience admirable, et par cette humilité profonde qui vous les faisait regarder comme une
faveur dont vous ne vous croyiez pas digne,
nous avons la ferme confiance que Dieu vous
a déjà recueilli dans son sein, pour y jouir à
jamais du repos et de la joie promise au serviteur fidèle. Vous étiez mûr pour le ciel, et bien
que, retenu par l'amour de vos ouailles, vous
eussiez consenti, comme le grand Saint-Martin
que vous aviez pris pour modèle, à voir se
prolonger la durée de vos labeurs, Dieu ne l'a
pas voulu. Il s'est contenté du désir que vous
inspirait ce généreux dévouement. Il a compté
vos jours, il les a pesés, il les a trouvés pleins,
il vous a permis, au terme de vos combats,
d'entonner l'hymne de la victoire, en répétant
ces belles paroles de l'apôtre des Gentils : « *J'ai
vaillamment combattu; j'ai consommé ma course; j'ai gardé le dépôt de la foi : il ne me reste*

plus qu'à recevoir la couronne de justice que le juste Juge réserve à ses serviteurs (II Tim. IV, 7). Si nous prions encore autour de votre cercueil, pour obéir aux prescriptions de l'Église, c'est afin d'obtenir, comme vous et après vous, la glorieuse palme de l'immortalité bienheureuse.

Ah! nous vous en conjurons, secondez nos vœux par le crédit dont vous jouissez auprès du Pontife Suprême, dont vous avez été le fidèle envoyé et le digne représentant parmi nous. Du haut du ciel, où nous osons croire que vous régnez avec lui, continuez de nous protéger, de nous guider, de nous soutenir par les leçons et les exemples que vous nous avez laissés. Obtenez de la divine miséricorde, en faveur de cette chère Église d'Ajaccio dont vous étiez l'époux, et de tant d'orphelins qui réclament leur père, obtenez-leur au plus tôt un autre pasteur, fidèle comme vous, comme vous agissant selon l'esprit et le cœur de Dieu, pour continuer après vous votre œuvre apostolique, pour accroître et achever le bien que vous nous avez fait.

Et vous, N. T. C. F., rendez-vous dignes de la faveur que nous sollicitons, en recueillant au fond de votre cœur le fruit de cette cérémonie funèbre; en vous efforçant de réaliser, par une bonne vie, le désir exprimé par ces paroles de la sainte Écriture, qui s'harmonisent si bien avec le sujet de notre discours : *Que mon âme meure de la mort des justes, et que ma fin dernière ressemble à leur dernière fin.*